LIGHT UP
YOUR HOME

LIGHT UP YOUR HOME

The most inspiring interiors *Photography Verne*

BATIBOUW®

L | LANNOO

Living with light

The first rays of the morning sun slanting through the kitchen window or the warm glow from the lamp next to your favourite chair, the cleverly placed skylight bathing the stairwell in light or the functional lights in the study...
Light – both natural and artificial – really brings an interior to life and makes it more enjoyable, pleasing and beautiful.

Without natural daylight a building can feel very uncomfortable and gloomy. Large, high windows, skylights and other light sources both literally and figuratively make the most of light and lend a feeling of extra space and lucidity. Moreover, by playing with the orientation of these 'portals of light' it is possible to create a different atmosphere for each room at any given time of day.
Artificial light is also an important factor when designing a house. A well-chosen balance between functional- and ambient lighting will allow you to customize the appearance of a room. A pleasing variation of fixtures and lamp styles introduce colour and beautiful accents to the home. In addition, not only can you create atmosphere and warmth, you can also work magic on space itself and make a room look larger, higher or that much more intimate.
In short, natural daylight and artificial lighting are two vital tools, which can transform a house into a real home.
So, it's hardly surprising that architects and interior designers often use light and lighting when building, renovating and furnishing homes.

In this book, the photographic duo Verne, Eugeen Van-groenweghe and Herman Van Hoey, from Ghent, have put together their most beautiful interior photos from home and abroad. They are all exciting examples that show you how light can be used in interior design, and a splendid collection of atmospheric images that you will want to look at again and again, inspiring you to create a soul of light for your home.

Leven met licht

De eerste ochtendzon die door het keukenraam naar binnen valt of de warme gloed van een sfeerlamp naast je favoriete zetel, de slim geplaatste lichtstraat die de traphal doet baden in licht of de functionele lampen in de werkkamer...
Licht – natuurlijk én kunstmatig – brengt een interieur werkelijk tot leven en maakt het stemmiger, aangenamer en mooier.

Zonder natuurlijk daglicht voelt een gebouw al snel onbehagelijk en somber aan. Grote en hoge ramen, dakvensters en lichtstraten waardoor het licht optimaal naar binnen kan vallen geven een ruimte letterlijk en figuurlijk een gevoel van openheid en transparantie. Door te spelen met de oriëntatie van deze 'poorten van licht' is het bovendien mogelijk om de sfeer van een ruimte op elk moment van de dag te bepalen.
Maar ook kunstmatig licht is een belangrijke factor bij het inrichten van een woning. Een goed gekozen evenwicht tussen functionele verlichting en sfeerverlichting zorgt er voor dat je de uitstraling van een ruimte steeds naar behoefte kunt aanpassen. Een aangename afwisseling in armaturen en lampsoorten brengt kleur en mooie accenten aan in huis. Bovendien kun je met verlichting niet alleen sfeer en warmte creëren. Het biedt je zelfs de mogelijkheid om een beetje te toveren met ruimte en een kamer groter, hoger of net intiemer te laten lijken.
Natuurlijk daglicht en kunstverlichting zijn kortom twee ultieme troeven om van een huis een echte thuis te maken.
Het is dus niet verwonderlijk dat architecten en interieurontwerpers veelvuldig gebruik maken van licht en verlichting bij het bouwen, renoveren en inrichten van woningen.

In dit boek brengt het Gentse fotografenduo Verne (Eugeen Vangroenweghe en Herman Van Hoey) hun allermooiste interieurfoto's uit binnen- en buitenland samen. Het zijn stuk voor stuk inspirerende voorbeelden die je laten zien hoe licht kan worden toegepast in het interieur. Samen vormen ze een prachtige verzameling sfeerbeelden om eindeloos naar te blijven kijken en om vooral veel ideeën op te doen om je eigen thuis een ziel van licht te geven.

Vivre avec la lumière

Les premiers rayons du soleil matinal qui pénètrent dans la cuisine, la chaleur de la lampe d'ambiance placée à côté de votre fauteuil préféré, le lampadaire de la rue qui illumine votre couloir, ou encore les lampes fonctionnelles de votre bureau... La lumière, naturelle ou artificielle, donne vie à un intérieur et le rend plus sobre, plus agréable ou l'embellit.

Lorsqu'il est privé de lumière naturelle, un bâtiment donne très vite une impression sombre et déplaisante. De grandes et larges fenêtres, des lucarnes et des lampadaires qui laissent entrer la lumière, offrent à vos pièces ouverture et transparence. En jouant et en variant l'orientation de ces « portes de lumière », il est tout à fait possible de déterminer l'ambiance d'une pièce à chaque moment de la journée.

La lumière artificielle est elle aussi un facteur très important dans l'aménagement d'un logement. En choisissant un bon équilibre entre éclairage fonctionnel et éclairage d'ambiance, vous pourrez ainsi adapter l'atmosphère d'une pièce à vos besoins et envies. En variant les armatures et les types de lampes, vous introduirez de la couleur et des accents dans votre logement. De plus, l'éclairage n'est pas seulement une source d'atmosphère ou de chaleur. Il peut vous permettre de réaliser quelques tours de magie en agrandissant une pièce, élevant un plafond ou rendant un espace plus intime.

La lumière naturelle et l'éclairage artificiel sont en effet les atouts essentiels qui feront de votre logement un véritable foyer, un « chez-vous ». Il n'est donc pas surprenant de savoir que les architectes et architectes d'intérieur utilisent aussi souvent la lumière et l'éclairage dans la construction, la rénovation et l'aménagement de logements.

Dans ce livre, le duo de photographes Verne, originaire de Gand, composé d'Eugeen Van-Groenweghe et de Herman Van Hoey, a réuni leurs plus belles photos d'intérieur, issues du monde entier. Chacune d'entre elles est une véritable source d'inspiration qui vous montre comment utiliser la lumière dans un intérieur. L'ensemble de ces photos forme une superbe collection d'images d'ambiance que vous ne vous lasserez pas de regarder et qui ne cesseront de vous inspirer. Ce livre vous donnera toute l'inspiration nécessaire pour illuminer l'âme de votre maison.

OPEN BOUNDARIES
The small openings give the sun free reign to bathe the patio in an airy and open atmosphere.

OPEN GRENZEN
Het zonlicht krijgt vrij spel door de smalle openingen en laat de patio baden in een luchtige en open sfeer.

FRONTIÈRES OUVERTES
Les ouvertures étroites laissent la lumière du soleil pénétrer librement dans le patio qui se retrouve alors baigné dans une atmosphère légère et ouverte.

Light also needs shadow to shine fully

Licht heeft ook schaduw nodig om voluit te schijnen

*La lumière a également besoin d'ombres
pour briller de tous ses feux*

LIGHT AND DARK

A subtle balance between light
and dark lends excitement and
variety. Daylight falling in broadly
and well-chosen lighting bring
life to an interior with dark walls,
floors and even to ceilings.

LICHT EN DONKER

Een subtiel evenwicht tussen
het licht en donker zorgt voor
spanning en afwisseling. Ruim
binnenvallend daglicht en
goedgekozen verlichting brengen
leven in een interieur met
donkere muren, vloeren en zelfs
plafonds.

LUMIÈRE ET OBSCURITÉ

Un subtil équilibre entre lumière
et obscurité crée suspense et
variation. La lumière du jour qui
pénétre généreusement dans une
pièce ainsi qu'un éclairage bien
choisi donnent vie à un intérieur
aux murs, sols et plafonds
sombres.

Beauty would not exist without light

Zonder licht zou schoonheid niet bestaan

Sans lumière, la beauté n'existerait pas

FAIRYTALE LIGHT
High-placed windows allow daylight to penetrate further into a room, and at the same time create a mysterious and fairytale atmosphere.

SPROOKJESLICHT
De hooggeplaatse ramen zorgen ervoor dat het daglicht dieper in de ruimte kan binnendringen en scheppen tegelijk een mysterieuze en sprookjesachtige sfeer.

UNE LUMIÈRE DE CONTE DE FÉES
Les fenêtres haut-placées permettent à la lumière du jour de pénétrer plus profondément dans la pièce et créent en même temps une atmosphère mystérieuse et féerique.

SMALL BUT IMPRESSIVE
A window does not need to be large
to create an effect. The light from
this deep-set window is limited, but
all the more atmospheric for it!

KLEIN MAAR
INDRUKWEKKEND
Een raam hoeft niet altijd groot
te zijn om effect te sorteren. De
lichtinval bij dit diepliggende
venster is eerder beperkt, maar des
te sfeervol!

PETITE MAIS
IMPRESSIONNANTE
Une fenêtre n'a pas toujours besoin
d'être grande pour créer un certain
effet. Cette fenêtre profonde ne
laisse pas entrer beaucoup de
lumière, mais l'atmosphère n'en est
pas moindre, au contraire !

CONJURING WITH LIGHT
Separate pools of light create intimate islands in the room and provide the right atmosphere at the right time.

TOVEREN MET LICHT
Verschillende lichtpunten creëren intieme eilandjes in de ruimte en zorgen voor de juiste sfeer op het juiste moment.

TOURS DE MAGIE LUMINEUX
Plusieurs sources de lumière créent des îlots intimes dans l'espace et ont le don de produire la bonne ambiance au bon moment.

PIE ROUGE DES PLAINES.

D.Pérotin

Give your home a soul of light

Geef je huis een ziel van licht

Offrez à votre maison une âme de lumière

POSITIVE FEELING

Fresh, bright light creates a cheerful and energetic atmosphere in the house. In the evenings, subdued lighting brings much-needed rest and intimacy.

POSITIEF GEVOEL

Fris en helder licht zorgt voor een optimistische en energieke sfeer in huis. 's Avonds brengen sfeerlampen de nodige rust en intimiteit.

SENTIMENT POSITIF

Une lumière claire et fraîche crée optimisme et énergie dans une maison. En soirée, des lampes d'ambiance vous apportent le calme et l'intimité désirés.

Together with light,
the whole world enters your home

Samen met het licht komt ook de hele wereld bij je binnen

Avec la lumière, c'est le monde entier qui entre chez vous

INSIDE-OUTSIDE
Sometimes windows function not only as sources of light but also as living paintings of the outside world.

BINNEN-BUITEN
Soms fungeren vensters niet alleen als lichtbrengers maar ook als levende schilderijen van de buitenwereld.

INTÉRIEUR-EXTÉRIEUR
Les fenêtres ne sont pas exclusivement des sources de lumière ; elles peuvent également devenir de véritables tableaux du monde extérieur.

WINDOW DOOR
By adding a small staircase, a window can literally become a doorway to light and air.

RAAMDEUR
Met een handig trapje erbij wordt een raam al snel letterlijk een poort naar licht en lucht.

PORTE-FENÊTRE
Avec un petit escalier pratique, une fenêtre peut très vite devenir une véritable porte ouverte sur la lumière et le ciel.

Let your imagination roam with the play of light and shade on the walls

Droom weg bij het spel van licht en schaduw op de muren

Laissez-vous envoûter par le jeu d'ombre et de lumière sur les murs

FILTERED
During the hottest part of the day curtains and French doors are used to filter the bright sunlight.

GEFILTERD
Op het heetst van de dag worden gordijnen en Franse luiken ingezet om de felle zonnestralen te filteren.

FILTRAGE
Au moment le plus chaud de la journée, les rideaux et les volets filtrent les rayons intenses du soleil.

Walls of glass are walls of light

Muren van glas zijn muren van licht

Les murs de verre sont des murs de lumière

LIGHT WITHOUT BOUNDARIES
Ceiling-high windows make it almost as light inside as outside and lend a feeling of openness and transparency.

LICHT ZONDER GRENZEN
Plafondhoge ramen maken het binnen in huis haast even licht als buiten en zorgen zo voor een open en transparant gevoel.

LUMIÈRE SANS FRONTIÈRE
Les fenêtres à hauteur de plafond font entrer toute la lumière extérieure et créent ainsi un sentiment d'ouverture et de transparence.

NO VIEW, BUT LIGHT

The long, narrow window bathes the kitchen in fresh daylight without disturbing the view.

GEEN ZICHT, WEL LICHT

De lange, smalle venster laat de keuken baden in fris daglicht zonder dat het zicht verstoord wordt.

PAS DE VUE, MAIS DE LA LUMIÈRE

La longue et étroite fenêtre fait entrer la lumière naturelle dans la cuisine sans perturber la vue.

YOUR OWN SPOT
A good reading light by a favourite chair... create your own private reading spot where you can escape from your hectic life.

EIGEN PLEKJE
Een goede leeslamp bij een favoriete stoel... creëer je eigen privé-leesplek om te ontsnappen aan drukke momenten.

ESPACE PRIVÉ
Une lampe d'ambiance adaptée à côté de votre fauteuil préféré... Créez votre espace de lecture privé où vous pouvez détendre loin de tout stress.

LIGHT PATTERN
The modern glass window breaks up the daylight and creates a very special ambience.

LICHTPATROON
Het glasraam in moderne stijl breekt het daglicht en geeft de kamer zijn bijzondere uitstraling.

MOTIFS DE LUMIÈRE
Cette fenêtre en vitrail moderne fait entrer la lumière naturelle tout en conférant à la pièce son atmosphère si particulière.

SOFT
Sunlight can bring atmosphere into the room even when the curtains are closed.

ZACHT
Ook met gesloten gordijnen kan zonlicht sfeer in de kamer brengen.

DOUCEUR
Même avec un rideau fermé, la lumière du soleil peut encore pénétrer dans votre pièce et créer une ambiance unique.

DANCING FLAMES
Candles are living lights that give interior instant warmth.

DANSENDE VLAMMEN
Kaarsen zijn levende lichtjes die een interieur instant warmte geven.

FLAMMES DANSANTES
Les bougies sont des sources de lumière vivantes et ajoutent à votre intérieur une chaleur instantanée.

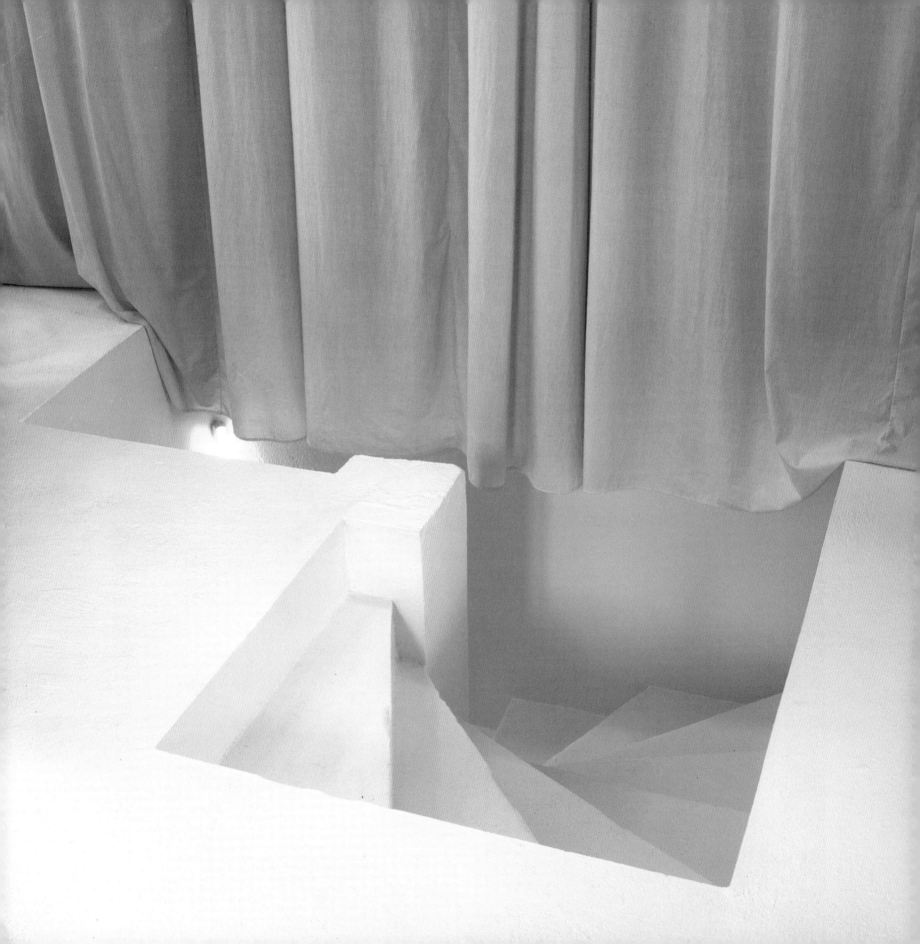

Don't just leave light to chance; a well thought-out lighting plan really works!

Laat licht niet aan het toeval over, een doordacht lichtplan wérkt!

Ne laissez pas le hasard déterminer la lumière, un plan bien établi est source de succès !

ACCENT
Use inconspicuous ground spots to accentuate special artwork or indoor plants.

ACCENT
Onopvallende grondspots zetten een bijzonder deco-object of kamerplant extra in de kijker.

ACCENT
Des spots de sol discrets attirent l'attention sur un objet de décoration ou une plante.

IN STYLE

A lot of fixtures not only create an atmosphere in the home, but they can also be decorative objects in themselves because of their design.

IN STIJL

Armaturen brengen niet alleen sfeer in huis door het licht dat ze uitstralen, maar zijn door hun vormgeving ook een decoratief element in de kamer.

TOUT EST DANS LE STYLE

De nombreuses armatures donnent un effet à votre maison grâce à leur éclairage ainsi qu'à leur design qui en fait de véritables éléments décoratifs dans votre pièce.

INDIRECT

Indirect lighting spreads a soft, pleasant glow and increases the feeling of space.

INDIRECT

Indirecte verlichting verspreidt een zachte aangename gloed en verhoogt het ruimtelijke gevoel.

INDIRECT

Un éclairage indirect crée une chaleur douce et agréable dans votre pièce tout en augmentant le sentiment d'espace.

STYLE STATEMENT
Light fixtures are often designer objects in themselves, which can emphasize a personal and unique interior.

STIJLSTATEMENT
Lichtarmaturen zijn vaak heuse designobjecten die een persoonlijk en uniek interieur onderstrepen.

UN STYLE PRONONCÉ
Des armatures de couleur claire font souvent office d'objets de design qui soulignent un intérieur personnel et unique.

SUN TABLE
Light and glassware are always a
beautiful combination. A lovely
collection of bottles, a mirror, and a
glass tabletop will reflect the light in a –
literally – shining way.

ZONNETAFEL
Licht en glas(werk) vormen altijd een
mooie combinatie. Een verzameling
mooie flessen, een spiegel, maar ook
een glazen tafelblad weerkaatsen het
licht op een – letterlijk - schitterende
manier.

TABLE DE LUMIÈRE
Lumière et verre se marient toujours
à merveille et forment un duo d'une
rare beauté. Une collection de jolies
bouteilles, un miroir, ainsi qu'une table
de verre reflètent magnifiquement la
lumière.

CONTOURING
Coloured blue light as a contouring accent emphasizes the sleek, almost futuristic atmosphere of this kitchen.

AFGELIJND
Gekleurd blauw licht als afgelijnd accent benadrukt de strakke, haast futuristische sfeer van deze keuken.

DÉLIMITÉ
La lumière bleutée utilisée comme accent souligne le caractère lisse, presque futuriste, de la cuisine.

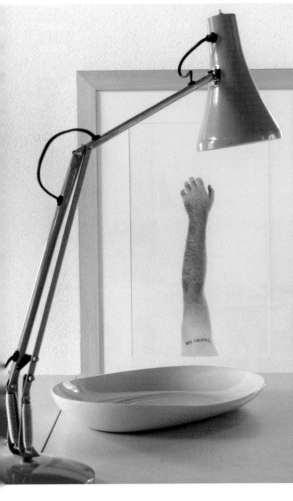

GAZE AT THE CLOUDS
Light and view are guaranteed, whilst being overlooked is cleverly avoided.

BLIK OP DE WOLKEN
Licht én uitzicht zijn verzekerd, terwijl inkijk handig wordt vermeden.

LA TÊTE DANS LES NUAGES
Lumière et vue imprenable garanties, tout en évitant les regards indiscrets.

BUILDING WITH LIGHT
Light infiltration and orientation can also create an atmosphere in outside areas. While the sun floods over the walls and the water, the shade offers the much needed cool areas.

BOUWEN MET LICHT
Ook voor buitenruimtes is lichtinval en -oriëntatie erg sfeerbepalend. Terwijl de zon overvloedig de muur en het water verwarmt, biedt de schaduw de nodige verkoeling.

CONSTRUIRE AVEC LA LUMIÈRE
Même à l'extérieur, la source de lumière et son orientation influencent l'atmosphère d'un espace. Alors que le soleil abondant réchauffe le mur et l'eau, l'ombre offre la fraîcheur nécessaire

EATING AND ENJOYING
The infiltration of light is an important factor when designing and decorating a house. A dining table at the window simply invites hours of conviviality.

ETEN EN GENIETEN
Lichtinval is een belangrijke factor bij het indelen en inrichten van een woning. Een eettafel aan het raam nodigt uit tot urenlang gezellig samenzijn.

SAVOURER VOTRE DÎNER
La lumière du jour est un facteur essentiel dans l'aménagement d'un logement. Une table placée près d'une fenêtre est une véritable invitation à passer des heures ensemble à table.

Small table lights work like magic lanterns in the room

Kleine sfeerlampjes werken als toverlantaarns in de ruimte

De petites lampes d'ambiance peuvent devenir de véritables lanternes magiques dans un espace

145

PEACEFUL
With table lights in the same colours and intensity, you bring peace and harmony into a busy and eclectic interior.

RUSTGEVEND
Met sfeerlampen in dezelfde lichtkleur en -intensiteit breng je rust en harmonie in een druk en eclectisch interieur.

APAISANT
Des lampes d'ambiance de la même couleur et de la même intensité apporteront calme et harmonie dans un intérieur éclectique.

DRAWING WITH LIGHT
Like a halo, tailor-made ceiling spots emphasize the special architecture of the room.

TEKENEN MET LICHT
Als een halo van licht benadrukken op maat gemaakte plafondspots de bijzondere architectuur van de ruimte.

DESSINER VOTRE ESPACE AVEC LA LUMIÈRE
Tel un halo, les spots de plafond sur mesure accentuent l'architecture si unique de cette pièce.

BEDROOMS AND PRIVATE SPACES
LIVING WITH PICTURES ALAN POWERS
CLASSIC CHIC
RICHELIEU L'ART ET LE POUVOIR
HOME with BOOKS
Geert Pattyn Florale kunst binnenhuis

THE PARIS INTERIOR HERBERT YPMA
Belgisch binnenstebuiten
LE STYLE GIVENCHY
AXEL VERVOORDT

ALBERTO PINTO Classicisme
ALBERTO PINTO Contemporain
ALBERTO PINTO Orientalisme
PAINT AND COLOUR IN DECORATION

DAVID HICKS STYLE & DESIGN
CLASSIC STYLE JUDITH MILLER
David Linley Design and Detail in the Home
DECADENT

SOMETHING FOR EVERY MOOD
Dimmable overhead lamps are perfect for any environment: strong and clear for practical purposes, soft and dimmed for intimate conversations.

VOOR ELKE SFEER WAT WILS
Dimbare hanglampen laten zich perfect aan elke sfeer aanpassen: krachtig en helder voor praktische momenten, zacht en gedempt voor intieme gesprekken.

À CHAQUE ATMOSPHÈRE SA LUMIÈRE
Des lustres dimmables s'adaptent à chaque atmosphère : puissants et clairs pour les instants pratiques, doux et tamisés pour les conversations intimes.

INTERPLAY OF LINES
One single black-framed window, in exactly the right place, is sufficient to bring light and architectural lines together into a perfect whole.

LIJNENSPEL
Eén enkel zwart omkaderd raam, op precies de juiste plek, is voldoende om licht en architecturale lijnen samen te brengen tot een perfect geheel.

JEU DE LIGNES
Une fenêtre unique encadrée de noir, placée au bon endroit, suffit pour faire de la lumière et des lignes architecturales un ensemble parfait.